THE LAPINS CRÉTINS™
CHERCHE ET TROUVE
Glénat
jeunesse

BIENVENUE CHEZ LES BWAAAH !

Attention, ici rien ne fonctionne normalement !
Cherche et trouve dans cette page :

- 7 lapins crétins (en tenue de sport avec bandeau)
- 6 lapins crétins fantômes
- 1 pot de pop corn
- 1 monsieur
- 1 madame
- 7 moutons
- 1 camion de pompier
- 1 citrouille
- 1 souris

DES LAPINS PARTOUUUUUUT !

Parmi tous ces lapins, il y en a un seul qui n'est pas en double, lequel ?

LA VILLE CRÉTINE
Cherche et trouve dans cette page :
- 10 lapins crétins guerriers
- 3 lapins crétins portant des lunettes
- 3 lapins crétins en train de manger
- 2 lapins crétins conducteurs
- 3 lapins crétins qui jouent aux cartes
- 1 lapin star
- 2 sushis
- 6 voitures
BWAAAH!!
FRiDDY

LAPINS DU MONDE ENTIER !
Sur la plage abandonnée, les lapins crétins du monde entier se donnent rendez-vous pour un après-midi au soleil.
Retrouve les bwaaah prononcés :
- à la suédoise
- à la russe
- à l'espagnole
- à la chinoise.
BWAAAH
BWAAAH
BWAAAH
BWWWWWWWAHHHHH
BWWWWWWAHHHHH
¡BWAAH!
BWAH
BWÄÄÄH

QUEL LAPIN EST-CE ?

Pense très fort à un des lapins de cette page et réponds aux questions de ton copain - tu sais, celui qui est juste derrière la page - pour qu'il le découvre. Bon, si tu veux être sûr de gagner, joue tout seul !

BWAAAH!!

QUEL LAPIN EST-CE ?

Pense très fort à un des lapins de cette page et réponds aux questions de ton copain - tu sais, celui qui est juste derrière la page - pour qu'il le découvre. Bon, si tu veux être sûr de gagner, joue tout seul !

BWAAAAHH!!

LES GRAFFITIS
Retrouve les 8 Bwaaah tagués sur ce mur.

BIENVENUE À LA FERME !

Dans cette merveilleuse ferme crétine,
combien y a-t-il :
- de cornes de taureau ?
- de cochons ?
- de vaches ?
- de poules ?
- de lapins crétins ?
- de chevaliers ?

ingredients
sucre, avoine
caramel, sel
colorant, arôme
artificiel, mais
ingredients
sucre, avoine
caramel, sel
colorant, arôme
artificiel, mais

ET LE SPECTACLE CONTINUE !

Cherche et trouve dans cette page :

- 5 poissons
- 6 lapins volants
- 2 lapins crétins ninjas
- 2 chapeaux de pirate
- 2 lapins crétins à couettes
- 1 béquille

LAPINS SUR ORBITE !

Les lapins sont partis à la conquête de l'espace en répandant plein de cochonneries ! À toi de retrouver :

- 1 tapette à mouche
- 1 crocodile
- 1 WC
- 2 panneaux radioactifs
- 3 bouées canard
- 1 lapin cosmonaute
- 10 bâtons de dynamite

NOYEUX JOËL !
C'est Noël ! Mais un intrus s'est glissé dans la page... Sauras-tu le retrouver ?
BWAAAAH !!

LES LAPINS CRÉTINS ADORENT LES ANIMAUX

Retrouve dans cette page :

- 1 crocodile
- 1 lapin crétin cavalier
- 2 lapins crétins pêcheurs
- 1 lapin crétin clown
- 1 hérisson

QU'EST-CE QU'IL Y A À LA TÉLÉ ?

Quel écran n'apparaît qu'une seule fois sur la page ?

FIESTA !
Cherche et trouve le seul lapin équipé pour danser jusqu'au bout de la nuit.
BWAAAH!!

LES JEUX OLYMPIQUES CRÉTINS

Retrouve le lapin qui ne fait pas de sport parmi ceux qui en font.

LA COURSE DE BUS

Les lapins crétins ont décidé de faire une immense course de bus... Quelle pagaille !

Cherche et trouve :

- 1 lapin crétin déguisé en ours
- 1 lapin crétin déguisé en cochon
- 1 lapin crétin qui essaie d'arrêter tout ça

PAGE BONUS !

Et non, ce n'est pas fini ! Retrouve sur chaque page au moins un lapin aux yeux rouges ou un canard, ou les deux.

BWAAAH!!

SOLUTIONS

Pages 6-7 :

Pages 8-9 :

Pages 10-11 :

Page 12 :

Page 15 :

Pages 16-17 :

Il y 8 cornes de taureau, 7 cochons, 4 vaches, 5 poules, 4 chevaliers, 47 lapins crétins dont 5 chevaliers.

Pages 18-19 :

Pages 24-25 :

Pages 20-21 :

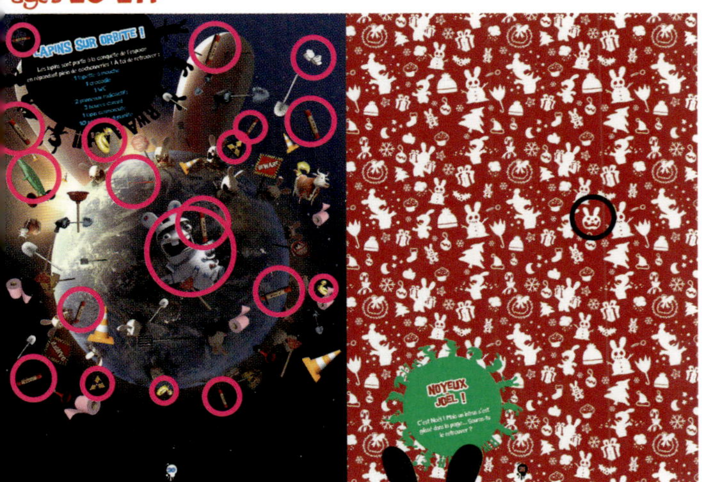

Page 26 :

Pages 22-23 :

Direction éditoriale : Fabrice Le Jean
Edition : Joséphine Lacasse
Maquette : Benjamin Rouffiac avec un bible graphique de Fabien Ouvrad et Akama.

Couvent Sainte-Cécile - 37, rue Servan - 38000 Grenoble
Dépôt légal : mars 2015
ISBN : 978-2-344-00713-006 / 001
Loi n° 49-956 du 16 juillet 1949 sur les publications destinées à la jeunesse.
Achevé d'imprimer en France en février 2015 par Pollina - L71432.

PEFC 10-31-2065 / Certifié PEFC / pefc-france.org